Birds Around Me
Oiseaux Autour de Moi

Mark Yokoyama
Illustrations : Paulina Hernández

This book belongs to:
Ce livre appartient à :

_____

Edited by Jenn Yerkes · Édité par Jenn Yerkes
2023 · Les Fruits de Mer
ISBN: 9798856584270

LES FRUITS
DE MER

Birds Around Us

Birds are all around us. There are birds on the ground, in the trees, and up in the sky. Some birds live on ponds. Some birds live in forests. Some birds fly out across the sea. Some birds live in your neighborhood. We share this island with them.

You can watch birds as they eat. You can hear them sing to each other. Sometimes you can see a bird feeding its chicks. It is fun to watch birds. They do many of the things people do.

All of the birds in this book live on St. Martin. Some live here all the time. Some of our birds only live in the Caribbean, and nowhere else in the world. Other birds live here part of the year, and go somewhere else for part of the year. Some of these birds travel thousands of kilometers every year to come here.

When you get to know St. Martin's amazing birds, you will always have a friend nearby.

This Book

You can use this book to learn about local birds. It is also a journal. When you see a bird, you can write or draw what you see. Here's how to use the book:

COLOR: There is a drawing of each bird for you to color. On the back of the book, there are photos of all the birds so you can see what they look like. Each photo has a page number so you can match it with the drawing. As you color the bird, you learn what it looks like.

READ: There is a little story about each bird. You can learn its name and why it's special. You can find out where it lives, what it eats, or what sound it makes.

OBSERVE: For each bird, there is a place to write your own notes. When you see a bird from this book, write when and where you saw it. Watch it closely and write down what it is doing.

DRAW: There is a place for you to make your own drawing of each bird. If you see a bird, you can draw a picture of it. Your picture can show what it is doing, and what is around it.

Les oiseaux autour de nous

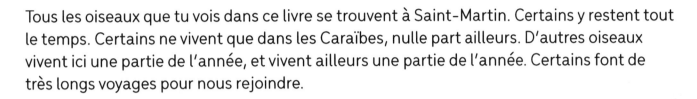

Les oiseaux sont tout autour de nous. On les voit sur le sol, dans les arbres et dans le ciel. Certains vivent sur les étangs, d'autres dans les forêts. Certains volent au-dessus de la mer. D'autres habitent dans ton quartier. Nous partageons cette île avec eux.

Tu peux regarder les oiseaux manger. Tu peux les écouter chanter. Parfois, tu peux aussi voir un oiseau nourrir ses petits. C'est amusant de les observer. Ils font beaucoup des mêmes choses que les gens.

Tous les oiseaux que tu vois dans ce livre se trouvent à Saint-Martin. Certains y restent tout le temps. Certains ne vivent que dans les Caraïbes, nulle part ailleurs. D'autres oiseaux vivent ici une partie de l'année, et vivent ailleurs une partie de l'année. Certains font de très longs voyages pour nous rejoindre.

En apprenant à connaître les merveilleux oiseaux de Saint-Martin, tu auras toujours un ami près de toi.

Ce livre

Tu peux utiliser ce livre pour apprendre à connaître les oiseaux locaux. C'est aussi un journal. Lorsque tu vois un oiseau, tu peux écrire ou dessiner ce que tu vois. Voici comment utiliser ce livre :

COLORIE : Il y a un dessin de chaque oiseau à colorier. Sur la couverture arrière du livre, il y a des photos de tous les oiseaux pour que tu puisses voir à quoi ils ressemblent. Chaque photo a un numéro de page qui renvoie à un dessin. Tout en coloriant l'oiseau, tu apprends à quoi il ressemble.

LIS : Il y a une petite histoire sur chaque oiseau. Tu peux apprendre son nom et pourquoi il est spécial. Tu peux découvrir où il vit, ce qu'il mange ou le bruit qu'il fait.

OBSERVE : Pour chaque oiseau, il y a un espace où tu peux noter tes propres remarques. Lorsque tu vois un oiseau de ce livre, écris quand et où tu l'as vu. Observe-le attentivement et note ce qu'il fait.

DESSINE : Il y a un espace où tu peux faire ton propre dessin de chaque oiseau. Si tu vois un oiseau, tu peux en faire un dessin. Ton dessin peut montrer ce qu'il fait et ce qui l'entoure.

Brown Pelican

This bird is St. Martin's heaviest bird. It dives into the water with its mouth open and catches fish in its pouch. Pelican chicks can fly after about three months, but their parents keep feeding them for about six more months.

Pélican brun

Cet oiseau est le plus lourd de Saint-Martin. Il plonge dans l'eau en ouvrant grand son bec et attrape les poissons dans la poche de son bec. Les jeunes pélicans peuvent voler quand ils ont environ trois mois, mais leurs parents continuent de les nourrir pendant encore six mois.

Bird name
Nom de l'oiseau Brown Pelican - Pélican brun

Location
Lieu

Date & time
Date & heure

Notes
Remarques

My Drawing · Mon Dessin

Laughing Gull

This gull lives in St. Martin from April to October. It makes a loud call that sounds like it is laughing. There are large groups of them in places where fish are easy to catch, like salt ponds.

Mouette atricille

Cette mouette habite Saint-Martin entre avril et octobre. Elle a un cri fort qui ressemble à un rire. On la voit en grands groupes dans les endroits où les poissons sont faciles à attraper, comme les étangs salés.

Bird name
Nom de l'oiseau _____

Location
Lieu _____

Date & time
Date & heure _____

Notes
Remarques _____

_____

_____

_____

My Drawing · Mon Dessin

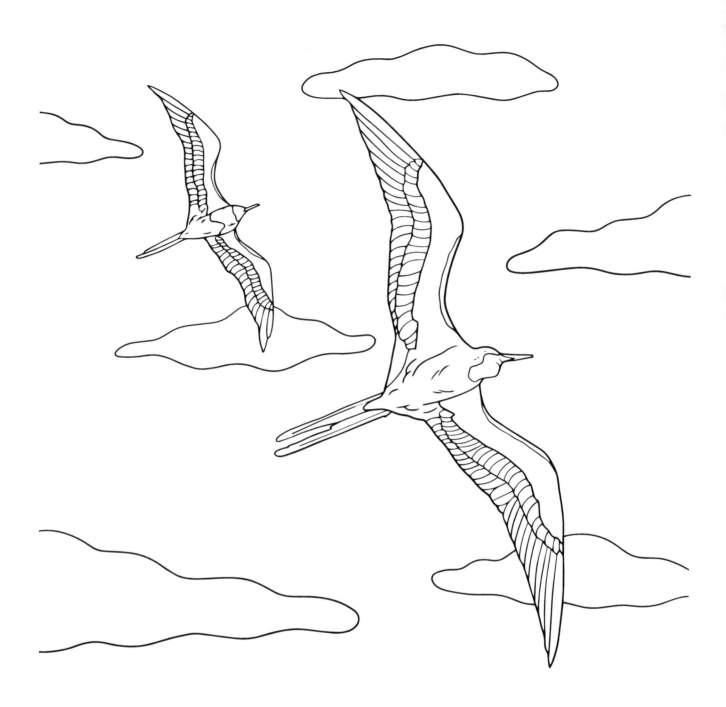

Magnificent Frigatebird

This bird is almost always in the air. It can fly for two months without landing. It even has a way to sleep while it flies. It doesn't dive into the water because its feathers are not waterproof.

Frégate superbe

Cet oiseau est presque toujours en train de voler. Elle peut voler deux mois sans s'arrêter. Elle peut même dormir en volant. Elle ne plonge pas dans l'eau car ses plumes ne sont pas imperméables.

Bird name
Nom de l'oiseau _____

Location
Lieu _____

Date & time
Date & heure _____

Notes
Remarques _____

_____

_____

_____

My Drawing · Mon Dessin

Least Tern

These are the smallest seabirds on St. Martin. They nest in groups on beaches or sandy areas near ponds. The nest is just a shallow pit in the sand. The eggs and chicks look like the sand, so they are hard to find.

Petite sterne

Ce sont les plus petits oiseaux marins de Saint-Martin. Ils font leurs nids en groupe sur les plages ou près des étangs. Leur nid n'est qu'un petit trou dans le sable. Les œufs et les oisillons ont la même couleur que le sable, alors on a du mal à les repérer.

Bird name
Nom de l'oiseau _____

Location
Lieu _____

Date & time
Date & heure _____

Notes
Remarques _____

_____

_____

_____

My Drawing · Mon Dessin

Royal Tern

This large tern has a bright orange bill and black on the top of its head. It flies along the beach and dives into the water to catch fish. They squeal and call to each other loudly.

Sterne royale

Cette grande sterne a un bec orange vif et du noir sur le haut de la tête. Elle vole le long de la plage et plonge dans l'eau pour attraper des poissons. Elles font un bruit strident et crient pour se parler entre elles.

Bird name
Nom de l'oiseau _____

Location
Lieu _____

Date & time
Date & heure _____

Notes
Remarques _____

_____

_____

_____

My Drawing · Mon Dessin

Brown Booby

This big seabird catches fish in many ways. It can dive into the water. It also catches fish when they jump into the air. Sometimes it even steals fish from other seabirds.

Fou brun

Ce grand oiseau de mer attrape les poissons de plusieurs façons. Il peut plonger dans l'eau. Il attrape aussi les poissons quand ils sautent hors de l'eau. Parfois, il vole même des poissons à d'autres oiseaux marins.

Bird name
Nom de l'oiseau _____

Location
Lieu _____

Date & time
Date & heure _____

Notes
Remarques _____

_____

_____

_____

My Drawing · Mon Dessin

Belted Kingfisher

This bird comes to St. Martin for the winter. If you know where one lives, you can see it every day in the same place. Each one comes back to the same place each year, near the sea or a pond where it can fish.

Martin-pêcheur d'Amérique

Cet oiseau vient à Saint-Martin pour l'hiver. Si tu sais où habite un de ces oiseaux, tu peux le voir tous les jours au même endroit. Chaque année, chacun de ces oiseaux revient au même endroit, près de la mer ou près d'un étang où il peut attraper des poissons.

Bird name
Nom de l'oiseau _____

Location
Lieu _____

Date & time
Date & heure _____

Notes
Remarques _____

_____

_____

_____

My Drawing · Mon Dessin

Osprey

This bird is a raptor, like hawks and eagles. It has special toes for catching big fish and holding on to them. It can catch fish that weigh more than it does. It comes to St. Martin during the winter.

Balbuzard pêcheur

Cet oiseau est un rapace, comme les faucons et les aigles. Il a des orteils spéciaux pour saisir et tenir les gros poissons. Il peut attraper des poissons plus lourds que lui. Il vient à Saint-Martin pendant l'hiver.

Bird name
Nom de l'oiseau _____

Location
Lieu _____

Date & time
Date & heure _____

Notes
Remarques _____

_____

_____

_____

My Drawing · Mon Dessin

American Oystercatcher

This bird has a long red bill. It uses its bill to open shellfish and pry whelks off rocks. They forage on rocky shorelines, usually in pairs. When a chick is big enough to fly, it travels with its parents.

Huîtrier d'Amérique

Cet oiseau a un bec long et rouge. Il utilise son bec pour ouvrir les coquillages et prendre les bigorneaux sur les rochers. Il cherche sa nourriture sur rives rocheuses, généralement en couple. Lorsqu'un oisillon est assez grand pour voler, il voyage avec ses parents.

Bird name
Nom de l'oiseau _____

Location
Lieu _____

Date & time
Date & heure _____

Notes
Remarques _____

_____

_____

_____

My Drawing · Mon Dessin

Black-bellied Plover

This bird comes to St. Martin in the fall and leaves in the spring. It lives on the pond, eating snails and crabs. It has a black belly in the summer, but when it is here it is mostly silver and gray.

Pluvier argenté

Cet oiseau arrive à Saint-Martin en automne et part au printemps. Il habite près de l'étang et mange des escargots et des crabes. En été, son ventre est noir, mais quand il est ici, il est surtout argenté et gris.

Bird name
Nom de l'oiseau _____

Location
Lieu _____

Date & time
Date & heure _____

Notes
Remarques _____

_____

_____

_____

My Drawing · Mon Dessin

Black-necked Stilt

These birds nest around St. Martin's ponds. They have very long pink legs. They make loud alarm calls to warn each other when a person comes near. They will pretend to have a broken wing to lead you away from their nest.

Échasse d'Amérique

Ces oiseaux font leurs nids près des étangs de Saint-Martin. Leurs pattes sont très longues et roses. Ils crient très fort pour se prévenir si quelqu'un s'approche. Pour protéger leur nid, ils font semblant d'avoir une aile cassée pour détourner l'attention.

Bird name
Nom de l'oiseau _____

Location
Lieu _____

Date & time
Date & heure _____

Notes
Remarques _____

_____

_____

Black-necked Stilt

Black-necked Stilt chicks can run and swim about two hours after they hatch from their egg. They can fly when they are about a month old.

Échasse d'Amérique

Les oisillons de l'Échasse d'Amérique peuvent courir et nager environ deux heures après être sortis de l'œuf. Ils peuvent voler vers l'âge d'un mois.

Bird name
Nom de l'oiseau _____

Location
Lieu _____

Date & time
Date & heure _____

Notes
Remarques _____

_____

_____

_____

My Drawing · Mon Dessin

Ruddy Turnstone

This bird uses its bill to flip over stones to find worms and crabs underneath. It spends the summer in the Arctic and flies down here for the winter. It can fly 1,000 kilometers in a day.

Tournepierre à collier

Cet oiseau utilise son bec pour soulever les pierres et chercher des vers et des crabes en dessous. En été, il habite dans l'Arctique, mais il vole ici pour y passer l'hiver. Il peut parcourir jusqu'à 1 000 kilomètres en un jour.

Bird name
Nom de l'oiseau _____

Location
Lieu _____

Date & time
Date & heure _____

Notes
Remarques _____

_____

_____

_____

My Drawing · Mon Dessin

Spotted Sandpiper

This bird arrives on St. Martin in late summer and stays until spring. It usually has spots when it arrives, but loses them in the winter. It bobs its tail up and down when it walks.

Chevalier grivelé

Cet oiseau arrive à Saint-Martin à la fin de l'été et s'en va au printemps. Quand il arrive, il a souvent des taches, mais il les perd en hiver. En marchant, il remue sa queue de haut en bas.

Bird name
Nom de l'oiseau _____

Location
Lieu _____

Date & time
Date & heure _____

Notes
Remarques _____

_____

_____

_____

My Drawing · Mon Dessin

Greater Yellowlegs

This bird has long yellow legs. It uses its long bill to hunt in shallow water, usually in salt ponds. It eats aquatic insects, crustaceans, and small fish.

Grand chevalier

Cet oiseau a de longues pattes jaunes. Son bec long l'aide à attraper de la nourriture dans les eaux peu profondes, surtout dans les étangs salés. Il mange des insectes aquatiques, des crustacés et des petits poissons.

Bird name
Nom de l'oiseau _____

Location
Lieu _____

Date & time
Date & heure _____

Notes
Remarques _____

_____

_____

_____

My Drawing · Mon Dessin

Killdeer

This bird nests on the ground. To protect its nest, it puts on a show. It makes loud noises and pretends it has a broken wing. It will lead you away from its nest or chicks.

Gravelot kildir

Cet oiseau fait son nid sur le sol. Pour le protéger, il joue la comédie. Il fait beaucoup de bruit et prétend avoir une aile cassée. Il essaiera de t'éloigner de son nid ou de ses bébés.

Bird name
Nom de l'oiseau _____

Location
Lieu _____

Date & time
Date & heure _____

Notes
Remarques _____

_____

_____

_____

My Drawing · Mon Dessin

Killdeer

Killdeer parents take turns watching their chicks when they are young. One parent will guard the chicks while the other goes to find food. They keep the chicks in a place where there are plants to hide under.

Gravelot kildir

Les parents du Gravelot kildir se relaient pour surveiller leurs bébés quand ils sont petits. Un parent s'occupe des bébés pendant que l'autre part chercher à manger. Ils gardent les bébés dans un endroit où il y a des plantes pour qu'ils puissent se cacher dessous.

Bird name
Nom de l'oiseau _____

Location
Lieu _____

Date & time
Date & heure _____

Notes
Remarques _____

_____

_____

_____

My Drawing · Mon Dessin

Wilson's Snipe

This bird is very good at staying hidden.
It lives near ponds and other wet places.
It hides in bushes and plants. If you walk
near one, it will stay hidden until you are
very close, then fly away quickly.

Bécassine de Wilson

Cet oiseau est très doué pour rester caché.
Il habite près des étangs et autres zones
humides. Il se cache dans les buissons et
les plantes. Si on s'approche de lui, alors il
reste caché jusqu'à ce qu'on soit tout près,
puis il s'envole très vite.

Bird name
Nom de l'oiseau _____

Location
Lieu _____

Date & time
Date & heure _____

Notes
Remarques _____

_____

_____

_____

My Drawing · Mon Dessin

Green-winged Teal

This duck has only been seen a few times on St. Martin. It was first seen here in 2012 on the salt pond in Grand Case. It eats grass seeds and other plants growing around ponds.

Sarcelle à ailes vertes

Ce canard n'a été vu que quelques fois à Saint-Martin. On l'a vu ici pour la première fois en 2012 sur l'étang salé de Grand Case. Il se nourrit de graines d'herbe et d'autres plantes qui poussent autour des étangs.

Bird name
Nom de l'oiseau _____

Location
Lieu _____

Date & time
Date & heure _____

Notes
Remarques _____

_____

_____

_____

My Drawing · Mon Dessin

Ruddy Duck

This duck nests on St. Martin in Fresh Pond and other ponds. The male has a bright blue bill. Sometimes they chase each other around the pond and fight.

Érismature rousse

Ce canard fait son nid à Saint-Martin dans le Fresh Pond et dans d'autres étangs. Le mâle a un bec d'un bleu vif. Parfois, ils courent l'un après l'autre et se battent près de l'étang.

Bird name
Nom de l'oiseau _____

Location
Lieu _____

Date & time
Date & heure _____

Notes
Remarques _____

_____

_____

_____

My Drawing · Mon Dessin

Blue-winged Teal

This duck comes to St. Martin for the winter and lives on our ponds. It has a bright blue patch on its wing. You can see it when it flies.

Sarcelle à ailes bleues

Ce canard vient à Saint-Martin pendant l'hiver et vit dans nos étangs. Il a une tache bleu vif sur son aile, que l'on peut voir quand il vole.

Bird name
Nom de l'oiseau _____

Location
Lieu _____

Date & time
Date & heure _____

Notes
Remarques _____

_____

_____

_____

My Drawing · Mon Dessin

Pied-billed Grebe

This small pond bird dives down to find food. It eats aquatic insects, fish, and crabs. Sometimes it eats its own feathers to protect its stomach from sharp pieces of crab shell.

Grèbe à bec bigarré

Ce petit oiseau d'étang plonge dans l'eau pour chercher sa nourriture. Il mange des insectes aquatiques, des poissons et des crabes. De temps en temps, il avale même ses propres plumes pour protéger son estomac des morceaux pointus des carapaces de crabes.

Bird name
Nom de l'oiseau   _____

Location
Lieu   _____

Date & time
Date & heure   _____

Notes
Remarques   _____

_____

_____

_____

My Drawing · Mon Dessin

Great Blue Heron

This is one of the biggest birds on St. Martin. It is almost as tall as a person. It lives around ponds. It spears fish with its sharp bill. It comes to St. Martin in the winter, and spends the summer in North America.

Grand Héron

C'est l'un des plus grands oiseaux de Saint-Martin. Il est presque aussi grand qu'une personne. Il vit autour des étangs. Il harponne les poissons avec son bec pointu. Il passe l'hiver à Saint-Martin, et passe l'été en Amérique du Nord.

Bird name
Nom de l'oiseau _____

Location
Lieu _____

Date & time
Date & heure _____

Notes
Remarques _____

_____

_____

_____

My Drawing · Mon Dessin

Little Blue Heron

When this bird is young, it is completely white. As it gets older it has a mix of blue and white feathers. By the time it is an adult it is completely blue.

Aigrette bleue

Quand cet oiseau est petit, il est tout blanc. En grandissant, il a des plumes bleues et blanches. Quand il devient adulte, il est complètement bleu.

Bird name
Nom de l'oiseau _____

Location
Lieu _____

Date & time
Date & heure _____

Notes
Remarques _____

_____

_____

_____

My Drawing · Mon Dessin

Tricolored Heron

This colorful heron is blue, purple and white as an adult. When it is young, it is blue and white with reddish brown on its wings and neck. It hunts fish and other animals in the salt ponds.

Aigrette tricolore

Cette aigrette colorée est bleue, violette et blanche une fois adulte. Quand elle est jeune, elle est bleue et blanche avec un peu de brun rougeâtre sur les ailes et le cou. Elle chasse des poissons et d'autres animaux dans les étangs salés.

Bird name
Nom de l'oiseau _____

Location
Lieu _____

Date & time
Date & heure _____

Notes
Remarques _____

_____

_____

_____

My Drawing · Mon Dessin

Cattle Egret

This bird often follows cows and other big animals. As the animal moves, grasshoppers and other small animals jump out of the way. Then the egret can catch and eat them.

Héron garde-bœufs

Cet oiseau suit souvent les vaches et d'autres gros animaux. Quand ces animaux bougent, les sauterelles et autres petits animaux sautent hors de leur chemin. Il peut alors les attraper et les manger.

Bird name
Nom de l'oiseau _____

Location
Lieu _____

Date & time
Date & heure _____

Notes
Remarques _____

_____

_____

_____

My Drawing · Mon Dessin

American Flamingo

This bird has very long legs. It has a special bill for filtering tiny shrimp from the water. A young flamingo is grey, but it turns pink from the food it eats. Sometimes there are flamingos in the salt ponds at Orient Bay.

Flamant des Caraïbes

Ce grand oiseau a des pattes très longues. Son bec est fait pour filtrer de petites crevettes dans l'eau. Quand il est jeune, il est gris, mais il devient rose grâce à ce qu'il mange. Parfois il y a des flamants dans les étangs salés près de la baie Orientale.

Bird name
Nom de l'oiseau _____

Location
Lieu _____

Date & time
Date & heure _____

Notes
Remarques _____

_____

_____

_____

My Drawing · Mon Dessin

Glossy Ibis

This bird is big and brown with shiny green on its wings. It has a long, curved bill. It is usually seen in groups in shallow pond and marsh areas. It eats insects, snails and crabs.

Ibis falcinelle

Cet oiseau est grand et brun avec un vert brillant sur ses ailes. Son bec est long et courbé. On le voit souvent en groupe dans les étangs peu profonds et les marais. Il mange des insectes, des escargots et des crabes.

Bird name
Nom de l'oiseau _____

Location
Lieu _____

Date & time
Date & heure _____

Notes
Remarques _____

_____

_____

_____

My Drawing · Mon Dessin

Peregrine Falcon

This bird is the fastest animal in the world. It can dive through the air at 320 kilometers an hour. It has to be fast, because it hunts other birds.

Faucon pèlerin

Cet oiseau est l'animal le plus rapide du monde. Il peut plonger en volant à une vitesse de 320 kilomètres à l'heure. Il doit être très rapide car il chasse d'autres oiseaux.

Bird name
Nom de l'oiseau _____

Location
Lieu _____

Date & time
Date & heure _____

Notes
Remarques _____

_____

_____

_____

My Drawing · Mon Dessin

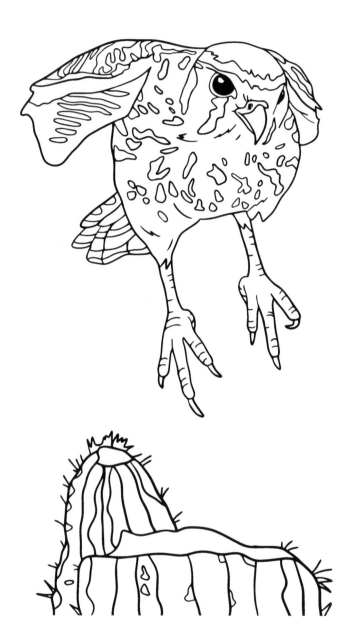

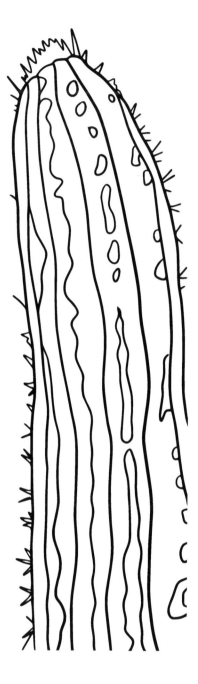

Killy-killy

This bird has great vision. It spots lizards and grasshoppers from high above and swoops down to catch them. It is also called the American Kestrel.

Gli-gli

Cet oiseau a une excellente vue. Il repère les lézards et les sauterelles en volant haut, puis il plonge rapidement pour les attraper. On l'appelle aussi Crécerelle d'Amérique.

Bird name
Nom de l'oiseau _____

Location
Lieu _____

Date & time
Date & heure _____

Notes
Remarques _____

_____

_____

_____

My Drawing · Mon Dessin

Common Ground Dove

This little dove usually walks around on the ground in pairs. It eats seeds and fruits. It has pearly gray and brown feathers. It has brick red on its wings that you can see when it flies.

Colombe à queue noire

Cette petite colombe se promène généralement en couple sur le sol. Elle mange des graines et des fruits. Ses plumes sont brunes et d'un gris nacré. Elle a du rouge brique sur ses ailes que l'on peut voir lorsqu'elle vole.

Bird name
Nom de l'oiseau _____

Location
Lieu _____

Date & time
Date & heure _____

Notes
Remarques _____

_____

_____

_____

My Drawing · Mon Dessin

Bare-eyed Pigeon

This pigeon is native to South America and islands near there, like Aruba. Somehow, it got to St. Martin and now it lives here, especially around Orient Bay. It has a black ring around its eye.

Pigeon jounud

Ce pigeon est originaire d'Amérique du Sud et des îles voisines, comme Aruba. D'une manière ou d'une autre, il est arrivé à Saint-Martin et habite maintenant ici, surtout près de la baie Orientale. Il a un anneau noir autour de l'œil.

Bird name
Nom de l'oiseau _____

Location
Lieu _____

Date & time
Date & heure _____

Notes
Remarques _____

_____

_____

_____

My Drawing · Mon Dessin

Mountain Dove

This dove is a pretty reddish-brown. It has some shiny purple on its neck. It often walks along the ground looking for seeds to eat.

Tourterelle à queue carrée

Cette tourterelle a une jolie couleur brune avec des touches de rouge. Elle a aussi un peu de violet brillant sur le cou. Souvent, elle se promène sur le sol en cherchant des graines à manger.

Bird name
Nom de l'oiseau _____

Location
Lieu _____

Date & time
Date & heure _____

Notes
Remarques _____

_____

_____

_____

My Drawing · Mon Dessin

Purple-throated Carib

This is the biggest hummingbird on St. Martin. It is also the least common. Usually it lives on hills and mountains that are taller than the ones on St. Martin. It has purple feathers on its throat.

Colibri madère

C'est le plus gros colibri de Saint-Martin, et le plus rare. Il habite surtout les collines et les montagnes plus hautes que celles de Saint-Martin. Il a des plumes violettes sur la gorge.

Bird name
Nom de l'oiseau _____

Location
Lieu _____

Date & time
Date & heure _____

Notes
Remarques _____

_____

_____

_____

My Drawing · Mon Dessin

Antillean Crested Hummingbird

This is the smallest bird on St. Martin. It eats nectar from flowers. The male is green and black, and has a spiky crest of feathers on its head.

Colibri huppé

C'est le plus petit oiseau de Saint-Martin. Il se nourrit du nectar des fleurs. Le mâle est vert et noir, et il a une crête de plumes dressées sur la tête.

Bird name
Nom de l'oiseau _____

Location
Lieu _____

Date & time
Date & heure _____

Notes
Remarques _____

_____

_____

My Drawing · Mon Dessin

Antillean Crested Hummingbird

The female of this hummingbird is green and has a gray belly. She makes a tiny nest. She uses spider silk when she makes her nest so it can stretch when her chicks get big.

Colibri huppé

La femelle de ce colibri est verte avec un ventre gris. Elle fabrique un tout petit nid. Pour que le nid puisse grandir quand ses oisillons grandissent, elle utilise de la soie d'araignée.

Bird name
Nom de l'oiseau _____

Location
Lieu _____

Date & time
Date & heure _____

Notes
Remarques _____

_____

_____

_____

My Drawing · Mon Dessin

Carib Grackle

These birds like to live in groups. They call noisily to each other. The male is black and the female is gray-brown. They build nests near each other in treetops.

Quiscale merle

Ces oiseaux préfèrent vivre en groupe. Ils s'appellent bruyamment les uns les autres. Le mâle est noir et la femelle est de couleur gris-brun. Ils construisent leurs nids près les uns des autres, en haut des arbres.

Bird name
Nom de l'oiseau _____

Location
Lieu _____

Date & time
Date & heure _____

Notes
Remarques _____

_____

_____

My Drawing · Mon Dessin

Mangrove Cuckoo

This bird hops through treetops looking for caterpillars and other insects to eat. It lives in mangrove forests and other places with trees. It makes a funny gah-gah-gah-gah call that doesn't sound like most bird calls.

Coulicou manioc

Cet oiseau saute d'une branche à l'autre en haut des arbres pour chercher des chenilles et d'autres insectes à manger. Il vit dans les mangroves et d'autres endroits avec des arbres. Il émet un cri qui fait gan-gan-gan-gan, qui est différent des cris d'autres oiseaux.

Bird name
Nom de l'oiseau _____

Location
Lieu _____

Date & time
Date & heure _____

Notes
Remarques _____

_____

_____

_____

My Drawing · Mon Dessin

Lesser Antillean Bullfinch

This bird has a thick beak for breaking open seeds. The female bullfinch is mostly gray and brown. It can have some orange-brown on its wings and tail.

Sporophile rouge-gorge

Cet oiseau a un bec épais pour pouvoir ouvrir les graines. La femelle du Sporophile est principalement grise et brune. Parfois, elle a du brun orangé sur ses ailes et sa queue.

Bird name
Nom de l'oiseau _____

Location
Lieu _____

Date & time
Date & heure _____

Notes
Remarques _____

_____

_____

_____

My Drawing · Mon Dessin

Lesser Antillean Bullfinch

The male bullfinch is black with orange patches above its eyes, on its throat and below its tail. This species only lives in part of the Caribbean. St. Martin is one of the islands where it lives.

Sporophile rouge-gorge

Le mâle du Sporophile est noir avec des taches oranges au-dessus des yeux, sur la gorge et sous la queue. Cette espèce d'oiseau habite seulement certaines parties des Caraïbes, et Saint-Martin est l'une des îles où il vit.

Bird name
Nom de l'oiseau _____

Location
Lieu _____

Date & time
Date & heure _____

Notes
Remarques _____

_____

_____

_____

```
┌──────────────────────────────────────────────┐
│          My Drawing · Mon Dessin               │
│                                                │
│                                                │
│                                                │
│                                                │
│                                                │
│                                                │
│                                                │
│                                                │
│                                                │
│                                                │
│                                                │
│                                                │
│                                                │
└──────────────────────────────────────────────┘
```

Yellow Warbler

This little bird is bright yellow. It often lives in the mangroves near ponds or in scrub areas. It sings a very pretty song.

Paruline jaune

Ce petit oiseau est d'un jaune vif. Il se trouve fréquemment dans les mangroves près des étangs ou dans des endroits broussailleux. Il chante une belle mélodie.

Bird name
Nom de l'oiseau _____

Location
Lieu _____

Date & time
Date & heure _____

Notes
Remarques _____

_____

_____

_____

My Drawing · Mon Dessin

Bananaquit

This little bird has a bright yellow belly. It eats nectar from flowers. It will also eat other sweet things like fruit. They are easy to see because they are not very afraid of people.

Sucrier à ventre jaune

Ce petit oiseau a un ventre d'un jaune vif. Il se régale du nectar des fleurs. Il mange aussi d'autres choses sucrées comme des fruits. Il n'a pas peur des gens, alors on peut facilement l'observer.

Bird name
Nom de l'oiseau _____

Location
Lieu _____

Date & time
Date & heure _____

Notes
Remarques _____

_____

_____

_____

My Drawing · Mon Dessin

Page	Scientific Name - Nom scientifique	English Names	Noms français
4	*Pelecanus occidentalis*	Brown Pelican	Pélican brun
6	*Leucophaeus atricilla*	Laughing Gull	Mouette atricille
8	*Fregata magnificens*	Magnificent Frigatebird, Scissorstail, Hurricane Bird	Frégate superbe
10	*Sternula antillarum*	Least Tern	Petite sterne
12	*Thalasseus maximus*	Royal Tern	Sterne royale
14	*Sula leucogaster*	Brown Booby	Fou brun
16	*Megaceryle alcyon*	Belted Kingfisher	Martin-pêcheur d'Amérique
18	*Pandion haliaetus*	Osprey	Balbuzard pêcheur
20	*Haematopus palliatus*	American Oystercatcher	Huîtrier d'Amérique
22	*Pluvialis squatarola*	Black-bellied Plover	Pluvier argenté
24, 26	*Himantopus mexicanus*	Black-necked Stilt	Échasse d'Amérique
28	*Arenaria interpres*	Ruddy Turnstone	Tournepierre à collier
30	*Actitis macularius*	Spotted Sandpiper	Chevalier grivelé
32	*Tringa melanoleuca*	Greater Yellowlegs	Grand chevalier
34, 36	*Charadrius vociferus*	Killdeer	Gravelot kildir, Oiseau soldat, Double collier
38	*Gallinago delicata*	Wilson's Snipe	Bécassine de Wilson
40	*Anas carolinensis*	Green-winged Teal	Sarcelle à ailes vertes
42	*Oxyura jamaicensis*	Ruddy Duck	Érismature rousse
44	*Spatula discors*	Blue-winged Teal	Sarcelle à ailes bleues

Page	Scientific Name - Nom scientifique	English Names	Noms français
46	*Podilymbus podiceps*	Pied-billed Grebe	Grèbe à bec bigarré
48	*Ardea herodias*	Great Blue Heron	Grand héron
50	*Egretta caerulea*	Little Blue Heron	Aigrette bleue
52	*Egretta tricolor*	Tricolored Heron	Aigrette tricolore
54	*Bubulcus ibis*	Cattle Egret	Héron garde-bœufs
56	*Phoenicopterus ruber*	American Flamingo	Flamant des Caraïbes
58	*Plegadis falcinellus*	Glossy Ibis	Ibis falcinelle
60	*Falco peregrinus*	Peregrine Falcon	Faucon pèlerin
62	*Falco sparverius*	Killy-killy, American Kestrel	Gli-gli, Crécerelle d'Amérique
64	*Columbina passerina*	Common Ground Dove	Colombe à queue noire
66	*Patagioenas corensis*	Bare-eyed Pigeon	Pigeon jounud
68	*Zenaida aurita*	Mountain Dove, Zenaida Dove	Tourterelle à queue carrée, Colombe zénaïde
70	*Eulampis jugularis*	Purple-throated Carib	Colibri madère
72, 74	*Orthorhyncus cristatus*	Antillean Crested Hummingbird	Colibri huppé
76	*Quiscalus lugubris*	Carib Grackle	Quiscale merle
78	*Coccyzus minor*	Mangrove Cuckoo	Coulicou manioc
80, 82	*Loxigilla noctis*	Lesser Antillean Bullfinch	Sporophile rouge-gorge
84	*Setophaga petechia bartholemica*	Yellow Warbler	Paruline jaune
86	*Coereba flaveola*	Sugar Bird, Yellow Breast, Bananaquit	Sucrier à ventre jaune

This book was developed as a companion to Amuseum Naturalis, St. Martin's free museum of nature and heritage. The Amuseum, and this book, were created by Les Fruits de Mer.

Les Fruits de Mer is a non-profit association based in St. Martin. Their core mission is to collect and share knowledge about local nature and heritage. They carry out this mission through books and other publications, their free museum, short films and oral histories, events and other projects. Discover more and download free resources at lesfruitsdemer.com.

Ce livre a été conçu en complément de l'Amuseum Naturalis, le musée gratuit de la nature et du patrimoine de Saint-Martin. L'Amuseum et ce livre ont été créés par l'association Les Fruits de Mer.

Les Fruits de Mer est une association à but non lucratif basée à Saint-Martin. Sa mission principale est de recueillir et partager des connaissances sur la nature et le patrimoine de l'île. L'association réalise cette mission à travers des livres et d'autres publications, son musée gratuit, des courts métrages et des histoires orales, des événements et d'autres projets. Pour en découvrir plus et télécharger des ressources gratuites, visitez lesfruitsdemer.com.

This book was produced with the support of:
Ce livre a été réalisé avec le soutien de :

Made in the USA
Columbia, SC
09 September 2024

41405010R00050